PALILLOS CHINOS
SIN CUENTA TÍTULOS PARA UN POEMA

PALILLOS CHINOS
SIN CUENTA TÍTULOS PARA UN POEMA

CHRISTOPHER AMADOR CERVANTES

Valparaíso
EDICIONES

Número 521 de la Colección VALPARAÍSO DE POESÍA
dirigida por FEDERICO DÍAZ-GRANADOS

Diseño de colección y portada: Chari Nogales
Maquetación: Carlos Henson

Primera edición: Octubre de 2025

© De los poemas: Christopher Amador Cervantes
© Diseño de portada: Carlos Henson

© Valparaíso Ediciones
   C/ Fray Leopoldo, 7 bajo, 18014 Granada
   www.valparaisoediciones.es

   ISBN: 979-13-87538-84-2
   Depósito Legal: GR 1339-2025

   Impreso en España - *Printed in Spain*
   Gráficas Gami

PALILLOS CHINOS
SIN CUENTA TÍTULOS PARA UN POEMA

Yo dejo de beber con los palillos tirados, sin ganas de comer. Saco la espada mirando hacia todas partes, con la vaciedad revuelta en el corazón.

LI BAI

Lo que pongo ante tus _ j_s es un borde de tazón cuyo principio es ser más blanco que su arroz para no verlo. La poesía no está. De *mi lado*.

Título y subtítulo palillos para entrar al cuenco hambrien
to del que a sí mismo se prueba. ¡*Ver sos* palos calafateados!

En el campo de la suelta limpia prosa, la poesía de grano cor to es un modesto, aunque salvaje, arroz que(está sem)brado.

Ya el arroz revuelto, que es tu mente en blanco, v
aria luz disgrega. Hoja en blanco, tazón volteado.

Clavo palillo en arroz enfriado. Ritual de la minucia
mi poesía escoge el arroz entre tus dedos espaciados.

La pluma ausenta tanta gallina, cuánto gusano se es-tira al ve
rla. Si el arroz es planta, el tazón maceta. Mi poesía... la riega.

La escritura es la sombra de lo que no se dice.

La escritura es la sombra, de lo que no sé dice.

Cara sin facciones, a esta tierra yerma, lee metido pala: queda al r etirarla una son*risa*. A *p*rosa le es torva *p*, flor de la pala abre ría.

Llamas al bosque, sé *qué man*o esconde la cerilla. Hoja volando ya *fue go*londrina.

Cánsate de reírte en los labios nuevos qu
e hace la herida. Saber de ser, saber decir.

Sabe doler la noche, sabe faltar estrellas. ¿Qué h
oja hará crujir mi paso en laberinto de otra oreja?

Bastar que llueva para que corra sin pies al alma. El olf
ato son los ojos de los tristes, la memoria que se alarga.

Cintura en mujer es una prisa de reloj o polvo fluente del mar ido. *Amor* es loca está antes de de sí irlo y después de a serlo...

Quien habla sólo espera
hablar con D_os un día.

Botella rota, vino que brota:
sed en mi boca una palab*rota*.

Es que espuma sal la pluma si *a zu lado*,
en el oído, ya ha mareado muchas peces.

Escribir es ampliar, extender la cadena (quien hace reír esc
laviza a conciencia). Leer un jalar sin saber quién se suelta.

Entre más rodeo la letra más m
e acerco. Me quedo en ser hado.

Junturas de tabla entablada está hablada. Tablada. P
oesía es la excepción que subvierte la regla. La arregla.

Pon en el aire esas aves, tú e
res quien mueve las plumas.

Si a esta flor que he sacado del ramo le extraigo el color, ha quedado mi mano. ¿Qué quedó de mí al morir mi hermano?

Que no en palabras morí mi hermano, tengo la mano de sempluma hada. Lo midió Manrique: vaso litro el agua.

Por lana escribo, a obediente oveja su pelo a liso. Espuma esta oveja, la negra ya es puma.

Una flor anuncia lo que habrán de ser mis ojos. Trate
el blanco de la hoja como pan, naranja lea en la jalea.

Sol/o es verso si el bambú lo ha cercenado samurá
i. Doblar el junco, asta que nos deje de o ve de ser.

Lee *van tan polvo*, murmuración de hierba. Las teteras adelgazan lo que el agua se despanza...

Hoy poesía: caricia que ha salido de la mano irres
ponsable, como saca alguien el guante, de la prisa.

Leer un verso es alternar mi larga asfixia e
n orificio en que hacen cola otros ahogados.

Meto mano a mi *des tino*, corre frase adivinada.
Alejándose se alinea en la lectura de otra palma.

Larga el ave aún su canto en la tintura de la pluma cervan
tina. Veo el Quijote y, libro abierto, leo sus alas extendidas.

Un palillo dentro y otro fuera de mi tiempo, *punto y línea sobre el plano*. Lee en succión ambos fideos: junto línea, sorbe el plato.

~~Un hilo de sangre corre.~~ Un hilo desangre,
corre. Escribir estrella. Acomoda piedras...

Político estético es
Conde algo tétrico.

Lo que busco en la sirena escama.
Lo que busto en la sirena es cama.

Desde el punto de vista de Dios.
Des de el punto de vista de dios.

Pluma rápida: *cosquilla*. ¡Rap pida!
Martillar tanto la idea es claviza...

No nombres el hombre de dos en baño.
La vio de mujer sin *ves ar*de otros labios.

Paro a escurrir los trastes. Seco l
impio la poesía en dicho *con traste*.

Cara col pago el esfuerzo de ver duras va
rio tiempo en esta arritmia u horizonte---

La nave es más veloz si en el extremo
más saliente de la proa se p<u>r</u>osa un ave.

Su poesía supone decir algo: habla, aclaro,
como él agua. A blando se entiende la gente.

Ella esquiva: es que ahí va. ¡Cuento chino! Para *mí
ni ficción*. Todo verso está en continuo *nací, miento*.

Enjuag*ars*e la boca en jug*ars*e la boca.
Pues sí alumbra mucho pero dice foco.

Saca distancia al calor este pal
o. Mi aceite frío no chilló el ajo.

Cuestión de fue ego, poesía no
alcanzar leña. Al cansar leeña.

No todo lo que brilla es otro, yo oro lo que cobre otro. Arte que arde llano hace alarde.

Toda oración atardece, todo lector amanece.
La zarpa de mi gato es para un tigre florecilla.

A heces las ves, a veces aves. En el aire ves eses. *Ave se es*cribe al vuelo: ave que lees *es*.

Me moriré en parir condón Vallejo. Últi
ma o ración me pone a dar palos de ciego.

Su poema no encierra el pájaro, en
sí era el pájaro: en sí era *él*. Paja yo.

Cada cascada es-capa. Un mal verso es qu
e te sobre, en la escalera, algún peldaño.

Ver-de lejos tales árboles, ins*talarte* en un abrazo.
Ya sin brazos ese árbol pide a brasas que lo llameen.

Te quita una sandalia y alguien lejos pisa en frío tu re
cuerdo. Temblor al recuerdo, caligrafía de muerto...

Vino un rayo a la copa de v
idrio. Colmó la luz su sitio.

Cual ala rota tu página *viva*. Rasura este
verso su vuelo temprano que espuma ya ola.

Mi mano curvó tu nunca, oh giro que en ti me siembra.
El beso distancia bocas, su ausencia las tiene cerca...

Poeta es pintar *ver de* pasto la cerca que acerca el jardín.
~~Y sé poesía.~~ Hice poesía, y eso era la vida. Y es o era la vida.

Sé *llama* la poesía, su nombre es su no hombre. *Fue Go*
liat quien encaró lo de tirar primera pie-----------dra.

Bajar el tono, bajar del trono: no te tomes t
anto en serio. No te ahogues tanto en ser río.

Tu boca prisa de estilete, mi lee
ngua punta de puñal. Filo Sofía.

Lee sobran ya letras, le faltan
los brazos. Venus de Mil hojas.

¡Oír o ir palabras! Río el verso que otre en mí ~~lloraba~~ llora, va. ¿Oyes? Lejos *hoy es* la proesía. Patas que no corren piafan.

~~Contemplandote~~ Con templando té en mis ojos
la lectura es abusiva: yo debajo, tú arriba. El pa
sar un verso a prosa disminuye o mod
ula. Huidobriano el adjetivo ya sordina.

Sal del mármol para ver una es-cultura: inconformes ondas sucias
la recogen esos charcos que ha dejado el trapeador del galerista.

¿Cercan mis manos o acercan? Un poema ya es urgencia
de ventana, ciela el muro cincelándolo a relámpagos...

~~Y las alas fatigadas~~ Hilas alas, fatiga hadas. Se ve bien el moho en el arma. En tierra de hambre, pan en la tabla, no así la daga.

Labora*t*orio, cuartillas nuevas: p..............risa de ratas
para la prueba. ¡Parra! Poesía no da más, no damas.

Mal actor *hace el papel,*
buen actor hace él papiel.

Mis malos versos son el estiércol donde han sembrado la flor que admiro. ¿Qué verso empuja lo que ya es mío?

Luz filtrada entre las hojas anticipa guacamaya. M
utilada de ambas alas se acomoda entre dos ramas.

Los probetas no saludan a las rosas por venir, salud dan a las rosas. Alas. Y es que uno viste lo que lee desnuda…

¿Qué le sostiene? Que le_e_, sostiene (y/o lo pud~r~e a ver he
cho). Mal~l~armé esa lengua franca ~~con cierto sin fónico.~~

…Y este ardor es con prender todos los versos menos uno, *ver* *so*bre ~~mi~~ mí poesía: desaparecer o des a parecer. ~~A pares serlos.~~

Espaciada cornamenta al elegir nuestro pincel es corzo escorzo. Si se asoma alas poesías un balcón ya va halcón.

Arde la rosa el aire de sol o verla. El tuétano del hueso es lo que saca uno al salir de los renglones. Morir es no escribir...

Ven y relee esto en voz alta qu
e quiero oír el mar, o ir el mar...

Con pensativo dedo entre ambos labios volab
a lejos. Sin embargo ella estaba *allí*. Y <u>mucho</u>.

En la noche de la piel que se extendía sobre su cama era un *ser y yo*. Cualquier identidad dura *según dos...*

Cuando lo titulé, mi microcuento ya había eyaculado *allí*...

Y suicidarme con el apuro que busca dato en alguna página.

ÍNDICE